Quiero ser
DISEÑADOR DE MODAS

Mary R. Dunn

Editorial Buenas Letras

New York

Dedicated to Ruth, my fashionable friend

Published in 2010 by The Rosen Publishing Group, Inc.
29 East 21st Street, New York, NY 10010

First Edition

Editor: Amelie von Zumbusch
Book Design: Ginny Chu
Layout Design: Julio Gil
Photo Researcher: Jessica Gerweck

Photo Credits: Cover, pp. 4, 8, 10, 14 (left), 14 (right), 18 © Getty Images; pp. 6, 12, 16, 20 © AFP/Getty Images.

Library of Congress Cataloging-in-Publication Data

Dunn, Mary R.
  [I want to be a fashion designer. Spanish]
  Quiero ser diseñador de modas / Mary R. Dunn. – 1st ed.
      p. cm. – (Trabajos de ensueño)
  Includes index.
  ISBN 978-1-4042-8154-7 (library binding) – ISBN 978-1-4358-3433-0 (pbk.) –
  ISBN 978-1-4358-3434-7 (6-pack)
  1. Fashion design–Vocational guidance–Juvenile literature. 2. Fashion designers–Juvenile literature. I. Title
  TT507.D8618 2010
  746.9'2023–dc22
                                        2009010334

Manufactured in the United States of America

Contenido

kimora lee simmons

Aquí vemos a Kimora Lee Simmons con sus hijas en un desfile de moda. Simmons es la diseñadora de la línea Baby Phat.

¿Qué me pongo?

¿Eres uno de esos chicos o chicas a quienes les gusta pensar muy bien que se van a poner? ¿Te gusta vestirte a la moda y verte bien? ¿Te gusta dibujar y hacer actividades manuales? Quizás debas considerar convertirte en un diseñador de moda.

Los diseñadores de moda son los artistas encargados de diseñar ropa y accesorios, tales como cinturones, bolsas de mano y **joyería**. Algunos diseñadores famosos, como Kimora Lee Simmons e Isaac Mizrahi, usan ideas del cine, el arte y sus viajes en sus diseños. La gente de todo el mundo usa la ropa de estos diseñadores.

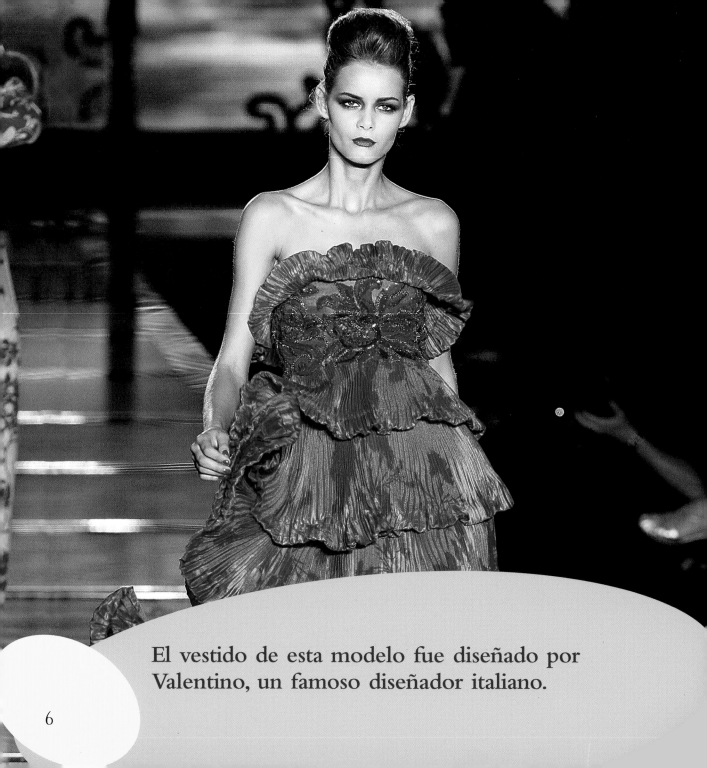

El vestido de esta modelo fue diseñado por Valentino, un famoso diseñador italiano.

Eventos de la moda

Un buen lugar para ver el trabajo de los diseñadores son los desfiles de moda. En estos eventos, las **modelos** muestran los nuevos diseños de una **colección**. Algunas modelos, como Heidi Klum, se hacen famosas usando la ropa que los diseñadores de moda **crean** para estos eventos.

Las entregas de **premios** también son grandes **eventos** de la moda. Los actores, cantantes y otras **celebridades** que asisten a estos eventos quieren verse muy bien. Estrellas, como Jennifer Hudson o George Clooney, lucen la ropa de los diseñadores mientras caminan en la alfombra roja de eventos como los Premios de la Academia.

Aquí vemos a la famosa Oprah Winfrey con un vestido diseñado para ella por el diseñador Ralph Lauren (izquierda).

Estilos de moda

Con frecuencia las estrellas de cine usan "ropa de alta costura", o moda muy elegante. La alta costura comenzó en París hace cientos de años. Los diseñadores solían vestir muñecas con sus nuevos diseños. Luego enviaban las muñecas a sus clientes ricos, esperando que estos ordenarían sus diseños.

La mayoría de las personas se visten con diseños listos para usarse. Esta ropa también es diseñada por diseñadores de moda, pero se hace en fábricas y se hace en muchas tallas y colores. Este tipo de diseños se vende en muchas tiendas.

Las modelos Carolyn Murphy (izquierda) y Naomi Campbell (derecha) lucen los diseños de Anna Sui (centro) en uno de sus desfiles de moda.

Diseñadores famosos

Existen muchos diseñadores de moda. Por ejemplo, la diseñadora Anna Sui crea ropa y accesorios para mujeres, como faldas cortas sobre *sweaters* de cuello de tortuga. El diseñador Zac Posen hace ropa para hombres y mujeres. Posen ha diseñado muchos *jeans*, o pantalones vaqueros.

Vera Wang, una de las mejores diseñadoras de Estados Unidos creció en Nueva York. Wang se hizo famosa haciendo vestidos de novia. Actrices como Jennifer López y Uma Thurman usaron vestidos de Wang en su boda. En los Premios de la Academia, actrices como Sharon Stone y Keira Knightley han lucido diseños **originales** de Wang.

Los nuevos diseñadores aprenden a hace bocetos, o dibujos, de ropa. Además, aprenden a elegir los materiales para sus diseños.

Aprender sobre la moda

Muchas personas que quieren trabajar en el mundo de la moda van a escuelas de diseño. En la escuela aprenden arte, diseño de **patrones**, **telas** y costura. Además, aprenden a diseñar en computadora.

Muchas personas también aprenden en el trabajo. Esto significa que los diseñadores trabajan para una compañía de moda. Durante su trabajo, aprenden acerca de las telas y cómo fabricar ropa. Al mismo tiempo, aprenden la manera de promocionar y vender sus diseños.

La Ex-Primera Dama, Laura Bush usó un vestido diseñado por Oscar de la Renta. El vestido fue creado usando este dibujo que se ve a la derecha.

Diseños y patrones

Los diseñadores quieren que sus diseños les gusten a muchas personas. Para esto, estudian **tendencias** y crean nuevas ideas para la ropa y los accesorios. Los diseñadores leen revistas y observan a las personas en la calle para buscar nuevas ideas. Además, los diseñadores hablan con los compradores de ropa de las tiendas para saber qué es lo que la gente desea.

Cuando los diseñadores tienen una idea, hacen dibujos de la prenda, o pieza de vestir. Estos dibujos se hacen a mano o en computadora. Los diseñadores jóvenes muestran estos dibujos a sus jefes para que les den su aprobación.

Con frecuencia, los diseñadores ponen las pruebas de sus prendas sobre maniquíes para ver cómo se verán en el cuerpo de una persona.

Cortar y coser

Cuando se aprueba un diseño, los diseñadores eligen la tela que usarán en la prenda. En ocasiones, incluso crean una nueva tela para su diseño.

Después, los diseñadores hacen un patrón de papel del diseño. Algunos diseñadores hacen un vestido de prueba en una tela barata, llamada muselina. Si la prenda se ve bien, entonces se hace el diseño con la tela verdadera. Este es un vestido de muestra. Los diseñadores usan las muestras para calcular el precio que tendrá el vestido.

Con frecuencia, diseñadores como Vera Wang (derecha) trabajan con las modelos tras bambalinas en los desfiles de moda.

Desfiles de moda

Las muestras de los vestidos de un diseñador pueden mostrarse en un desfile de moda. Los desfiles de moda son muy populares. Las modelos se visten tras bambalinas. Los estilistas peinan y maquillan a los modelos. Mientras tanto, los compradores se alistan para ver el desfile.

Las modelos caminan por una larga pasarela. Los diseñadors suelen mostrar entre 50 y 100 diseños por temporada por lo que las modelos tienen que cambiarse de moda muchas veces durante el desfile. Cuando los modelos han mostrado todos los nuevos diseños, el diseñador saluda en la pasarela.

Este desfile de moda de Tommy Hilfiger es parte de un grupo de desfiles llamado Semana de la Moda, en Nueva York.

Ciudades de la moda

La mayoría de los desfiles de moda se hacen en París, Milán, Londres o Nueva York. Los diseñadores más famosos tienen desfiles dos veces al año. En el verano se muestran las colecciones de otoño e invierno. En el invierno se dan a conocer las colecciones de primavera y verano.

Cada ciudad organiza desfiles de distintos diseñadores. París muestra las famosas casas francesas como Dior y Chanel. Milán muestra Versace y Prada. Londres es la sede de diseñadores como Stella McCartney. En Nueva York, se muestran las colecciones de Ralph Lauren, Donna Karan y otros más.

Comenzando en el medio

Si quieres trabajar como diseñador de modas debes comenzar a prepararte desde hoy. Toma clases de dibujo, pintura y diseño. Aprende a cortar patrones y a coser. Acostúmbrate a llevar contigo un cuaderno en el que puedes dibujar diseños de ropa que veas por la calle. También puedes trazar tus propios diseños. Aprende sobre otros diseñadores y sobre el mundo de la moda en libros y periódicos.

Si trabajas muy fuerte puedes ser un diseñador famoso. Entonces podrás conocer gente famosa y caminar por la pasarela. ¡Y lo mejor de todo, podrás diseñar ropa increíble!

Glosario

celebridades (las) Gente famosa.

colección (la) Un conjunto de cosas.

crear Hacer o producir algo.

eventos (los) Acontecimientos que con frecuencia se planean con anticipación.

joyería (la) Objetos hechos de metales especiales, como plata y oro y piedras preciosas.

modelos (las/los) Personas que trabajan mostrando diseños de moda y otros productos.

originales Objetos que son nuevos y no tienen copias.

patrones (los) Modelos en papel o tela que se usan como guías para cortar un diseño.

premios (los) Reconocimientos especiales que se dan a las personas.

telas (las) Tejidos hechos con fibras y otros materiales.

tendencias (las) Nuevas ideas y estilos.

Índice

Sitios en Internet

Debido a las constantes modificaciones en los sitios de Internet, Editorial Buenas Letras ha desarrollado un listado de sitios Web relacionados con el tema de este libro. Este sitio se actualiza con regularidad. Por favor, usa este enlace para acceder a la lista:
powerkidslinks.com/djobs/fashion/